Del así denominado Argumento Ontológico de San Anselmo

Un ensayo de libre interpretación acerca del poder oculto que posee

SAN ANSELMO
Obispo y doctor de la Iglesia
(1033-1100)

P. De Fridman F.

1ª sección - Introducción

Muy posiblemente redactado en algún momento entre los años 1070 y 1073, el Proslogion es el texto en el cual San Anselmo presenta su famosísimo argumento en pro de la existencia de Dios; argumento que la tradición ha calificado de "ontológico".

Desde el momento mismo de su aparición, se ha prestado a mucha controversia: el benedictino Gaunilo de Marmoutier polemizó directamente con San Anselmo, Kant objetó el argumento, la filosofía analítica de los años recientes le ha dedicado numerosos artículos. ¿Cómo explicar tanta polémica a lo largo de siglos? ¿Qué nos indica?

La razón de ser del presente ensayo es exponer al que consideramos un significativo aporte acerca de la naturaleza y poder del -así denominado- Argumento Ontológico de San Anselmo.

5

A fin de poner al lector en contexto, las secciones 2ª y 3ª que siguen transcriben textos selectos extraídos del Prefacio y del Primer capítulo del Proslogión. Seguidamente, la sección 4ª expone la versión integral del argumento, tal cual lo presenta San Anselmo en el segundo capítulo de su obra. La sección 5ª tiene por objeto presentar nuestras consideraciones y observaciones acerca del argumento, muy particularmente, como ya apuntamos, en cuanto a lo que a su naturaleza y poder concierne... un entendimiento del "argumento" que consideramos a la vez novedoso e influyente.

A modo de post scríptum concluye el escrito con una no menos importante observación de cierre.

6

2ª Sección- El *Proslogion* * de San Anselmo
Prefacio.[1] (Textos selectos)

"Luego de haber -acuciado por los ruegos de algunos hermanos- publicado cierto opúsculo (*Monologion*) como un ejemplo de meditación sobre el sentido de la fe (*ratione fidei*), **hecho en nombre de alguien que buscara lo que no sabe vía un razonamiento silencioso consigo mismo**; considerando que estaba constituido por un encadenamiento de numerosos argumentos, comencé a buscar si no era posible encontrar un argumento que, por convincente, se bastase a sí mismo, que por sí solo bastara para demostrar que en verdad Dios es, de que es el bien supremo, que no necesita de ningún otro y de quien todos necesitan para su ser y bienestar, y así también (para demostrar) todo lo que creemos de la substancia divina.

Ahora bien, como a menudo y con gran celo de esta manera dirigía mi pensamiento, más de una vez creí poder alcanzar lo que buscaba; más de una vez, también, se escapaba por completo de la mirada de mi espíritu."

---

[1] **Proslogion** (alocución): La fe buscando la razón.
No confundir con:
Monologion (soliloquio): Ejemplo de meditación sobre la razón de la fe.

....

Tras muchos intentos fallidos, San Anselmo dice querer excluir de su espíritu la búsqueda que -por imposible y entorpecedora de otros pensamientos- le parece inútil continuar. Pero, a pesar de su voluntad y la resistencia que opone, ella le persigue.

....

"Ahora bien, cierto día, habiéndome cansado de con vehemencia resistir esta obsesión, en el conflicto mismo de mis pensamientos, se me presentó aquello que había buscado desesperadamente..."

....

"Estimando, por tanto, que aquello que me regocijaba haber encontrado, podría gustar -de ser escrito- a quien lo leyese, he compuesto este opúsculo sobre este tema y algunos otros, **hablando en nombre de un hombre esforzándose por elevar su alma a Dios y buscando entender lo que cree.**"

....

3ª Sección- El *Proslogion* de San Anselmo
Capítulo I: Exhortación del espíritu a la contemplación de Dios.

(Textos selectos)

"Y ahora, débil mortal, escápate por un momento de tus ocupaciones, apártate un poco de tus tumultuosos pensamientos, arroja tus preocupaciones agobiantes y pospón tus laboriosas ocupaciones.

Tan sea un poco abandónate a Dios y descansa un poco en **él**. Entra en lo recóndito de tu alma, excluye de allí todo excepto a Dios y aquello que pueda ayudarte a buscarlo, y habiendo cerrado la entrada ¡búscalo!

Di ahora ¡oh corazón mío todo! di a Dios:

Busco tu rostro, tu rostro ¡oh Señor! busco (Salmo XXVI, 8)

Y tu ¡oh Señor mi Dios! instruye a mi corazón cómo y dónde buscarte, dónde y cómo encontrarte.

¡Oh Señor! si no estás aquí -si ausente- ¿adónde te buscaré?

Pero, si estás presente en todas partes, ¿por qué no te veo?

Sin duda habitas una luz inaccesible. ¿Adónde se encuentra esta luz inaccesible? ¿Cómo podré alcanzarla? ¿Quién me conducirá a ella? ¿Quién me introducirá en ella, para allí poderte ver?

¿Con cuáles signos, bajo cuál aspecto te buscaré?

Jamás te he visto, Señor mi Dios; no conozco tu Faz.

¿Qué hacer, oh Señor Altísimo? Entonces ¿qué hacerle a este exiliado que está tan lejos de ti?

¿Qué hacerle a tu servidor atormentado de amor por ti, arrojado tan lejos de tu Faz?

Aspira verte y tu Faz está demasiado lejos de él.

Desea acceder a ti, pero inaccesible es tu morada.

Quiere encontrarte, pero no conoce tu lugar.

Desea buscarte y no conoce tu Faz.

¡Oh Señor! tu eres mi Dios y mi Señor, pero jamás te he visto.

Me has creado y vuelto a crear, y todos mis bienes, tu eres quien me los ha dado, pero aún no te conozco.

En fin, estoy hecho para verte y jamás he hecho aquello para lo cual he sido creado.

¡Oh suerte miserable del hombre que ha perdido aquello para lo cual fue hecho!..."

Finaliza el capítulo diciendo:

"Y no busco entender para creer, sino que creo para entender. Ya que también creo no poder entender, de no creer."

4ª Sección- El *Proslogion* de San Anselmo
Capítulo II: De que Dios en verdad es.[2]

(Texto seleccionado: el "argumento")

"Por lo tanto, Señor, tu que le das entendimiento a la fe, concédeme entender -tanto como de provecho consideres sea- que eres tal lo creemos, y tal quien te creemos ser.

Y ciertamente creemos que eres algo de lo cual nada mayor puede pensarse.

¿Acaso tal naturaleza no es, debido a que *el insensato ha dicho en su corazón: Dios no es* (Salmo XIII, 1)?

---

[2] **Leyenda:** palabras clave originalmente en latín en el "argumento"
(Intellectum, Intelligam, Intelligit, Intellectu, Intelligat, Intelligere, Intelligitur = relativas al **entendimiento**)
(es, esse, est, sed relativas al **ser**, existere = **ex-estar**)
(pensarse = **cogitari**) (mayor = **majus**) (re = **realidad**)
(**Dios** = algo de lo cual nada mayor puede pensarse
≠ a una definición la cual => **delimitar**)

Pero cierto es que este mismo insensato, cuando me oye decir algo de lo cual nada mayor puede pensarse entiende lo que oye, y lo que entiende está en su entendimiento, aunque no lo entienda como siendo. En efecto, no es lo mismo tener algo en el entendimiento que entenderlo como siendo en realidad.

Así, cuando el pintor (pre)piensa en lo que va a hacer, el cuadro que va a pintar lo tiene en su entendimiento, pero no lo entiende como siendo, ya que aún no lo ha pintado. Pero cuando ya lo ha pintado, lo tiene en su entendimiento, y también entiende lo que ha hecho como siendo.

Ahora bien, el propio insensato ha de admitir particularmente que en el entendimiento está algo de lo cual nada mayor puede pensarse, ya que cuando oye esto (este texto) lo entiende, y todo lo que se entiende está en el entendimiento.

Y, ciertamente, algo de lo cual nada mayor puede pensarse, no puede sólo estar en el entendimiento.

En efecto, si sólo estuviese en el entendimiento, se le podría (además) haber pensado como siendo en realidad; lo cual es mayor.

Entonces, pues, si algo de lo cual nada mayor puede pensarse, está sólo en el entendimiento, ese mismo algo de lo cual nada mayor puede pensarse, es (a la vez) algo de lo cual algo mayor (sí) puede pensarse: pero ciertamente esto es imposible (contradictorio).

Por consiguiente, sin duda alguna, algo de lo cual nada mayor puede pensarse es (existe: ex-sistere = ex-estar), tanto en el entendimiento como en realidad."

5ª Sección- Comentarios centrados en el "argumento", su naturaleza y poder.

Pregunta:

Luego de transcurrido casi un milenio, insistente es el "argumento" de San Anselmo. Lejano surgir que no le ha impedido perdurar.

Tal insistencia no la tiene cualquier cosa. Reiteración la poseen los llamados sagrados (campana, gong,...). ¿Será esto simple coincidencia? ¿Puede el "argumento" de San Anselmo ser entendido como un llamado sagrado?

Pero hoy día la resonancia del "argumento" apenas si parece audible. ¿Tendrá esto que ver con la dificultad del texto?

Escriba Ud. hoy como lo hizo San Anselmo y nadie le leerá. Hoy día abunda la creencia de que el empeño que exige leer textos calificados de "oscuros" no vale la pena. Se dice: "Los textos deben ser fáciles y digeribles. De no serlo, todavía algo anda mal con lo que Ud. quiere decir. Por lo tanto, siga trabajando hasta convertir en "papilla", fácil de engullir, lo que Ud. le quiere decir a su lector. Además, ¡qué nos asegura que el esfuerzo valdrá la pena si de entrada nos es tan difícil leerle? Desde los inicios mismos de su escrito anímenos, háganos fácil determinar si valdrá o no la pena nuestro esfuerzo de lectura y entendimiento! En tanto no nos haya convencido, ¡por favor no nos exija tal esfuerzo!"

¡Escandalosa comodidad! ¡Pertinazmente asumida! ¡Cuántas obras maestras jamás habrían sido escritas y mucho menos leídas!

Nótese que en relación al escrito de San Anselmo -que no es de los más difíciles en la historia de la humanidad- semejante actitud equivaldría a pedir -sino exigir- lo siguiente: "¡Convierta Ud. en "papilla" nuestra creencia y nuestro entendimiento de Dios!" ¡Nada menos!

Y es que nosotros -los tardíamente llegados- ya no entendemos cómo ni por qué, pudieron otrora existir gente capaz de creer que sí valía la pena leer con esfuerzo. Es más ¡que hasta placer sintieran desentrañando textos semejantes!

Tesis:

El escrito de San Anselmo no puede sólo ser evaluado a partir de los estándares y criterios de la sola razón, de los simples imperativos de la lógica.

De su calificación como "argumento" ha nacido la natural y por ello generalizada inclinación por examinar y discutir su validez exclusivamente desde el punto de vista de la lógica. Pero, estudiar y evaluar el "argumento" tan solo en términos de sus contenidos semánticos -significado de las palabras utilizadas- así como del sólo punto de vista de su estructura o validez lógico/racional, es calibrar lo que San Anselmo hace a partir de criterios inadecuados: no sólo foráneos, sino también inferiores en jerarquía a la del "asunto" objeto del "argumento", i.e.: Dios.

El inferior sólo puede entender de manera inferior lo que le es superior. Por ejemplo, el "entendimiento" que de su amo tenga un perro sólo puede ser "perruno"; en todo caso no puede percibirle en cuanto el ser humano o persona que es.

Lo que del capítulo I que hace un momento leímos se desprende es que la actitud básica que subyace al "argumento" es la búsqueda de Dios, y no la mera realización de un frío examen lógico, al estilo del que realizaría y de hecho ha realizado la denominada Filosofía Analítica anglosajona del siglo XX (véanse múltiples ejemplos en: The Ontological Argument, Alvin Planting Ed., Doubleday Anchor, 1965.)

En el fondo es evidente que lo que San Anselmo hace es darle forma de argumento a la constatación -a la convicción- de que Dios está más allá del entendimiento, al menos humano. Si las leyes del entendimiento son las de la racionalidad, son las de la lógica, Dios está entonces más allá de la razón y de la lógica. El entendimiento que el hombre tiene de Dios siempre será <u>humano</u>, pero a diferencia del que de su amo tiene el perro, el ser humano tiene -cuando menos debería tener- conciencia de que tal es su entendimiento: siempre humano. De allí que desde nuestra finitud, desde nuestra inferioridad, no nos sea posible percibir y entender a Dios en tanto el Dios que es. En palabras de San Anselmo: "La faz de Dios se nos oculta". De allí la ansiedad que acompaña **SU** búsqueda.

Surge entonces la siguiente interrogante:

¿Cómo convertir al "argumento" en una experiencia religiosa?

Pregunta muy significativa si tal experiencia religiosa ha de ser experimentada -posiblemente por primera vez- por alguien hasta entonces resueltamente no religioso; racionalista hasta más no poder.

Pero antes de proseguir preguntémonos:

¿Para qué argumentos lógico-racionales en pro de la existencia de Dios?

Respuesta:

Precisamente porque hay racionalistas, incluso racionalistas a ultranza; precisamente porque hay gente a quienes asusta -hoy día no son pocos- abandonar el fundamento firme que aparentemente la razón les da. Veamos.

Si la *razón de* **X** ≡ al *fundamento de* **X**, entonces el que **X** sea *sin razón* => que **X** sea *sin fundamento.* Esto último ciertamente ha de inquietar sobremanera al racionalista: ¿acaso no han prestigiosos pensadores reiteradamente postulado como principio indubitable el que todo tenga alguna razón de ser; el que nada sea sin razón de ser o fundamento?

Y aunque nosotros ya sepamos que hay que ir más allá de la razón para tener una experiencia místico/religiosa, no debemos olvidar que el punto de partida del racionalista no puede ser otro que su razón, razón que aún no ha trascendido.

Paréntesis:

A menudo pasa desapercibido lo siguiente: afirmar que ningún argumento es realmente prueba de que Dios es, no es indicativo de gran perspicacia. Se olvida que ipso facto también habría que reconocer que tampoco hay argumento alguno que pruebe SU no ser. Caer en cuenta de ambas ya debiera bastar para hacernos sospechar que bien pudiera la cuestión del ser de Dios caer fuera del ámbito de la simple racionalidad, de la sola lógica.

¿Qué debe ocurrirle al racionalista?

Lo que ha de ocurrirle es que experimente de manera muy vívida los límites -la **finitud**- de la razón. ¿Cómo?

Viéndose obligado a trabajar en un problema que trascienda su razón, sino la razón misma. Que literalmente se vea obligado a devanarse los sesos hasta más no poder, hasta que su razón salga derrotada... no solo una vez, sino reiteradamente, como cuando se apunta a extirpar un mal hábito revirtiendo -vía barreras ad hoc que reduzcan nuestras recaídas- el proceso reiterado de conductas que originalmente lo fortaleció. Hipertrofia de la razón... he aquí el mal hábito del racionalista a combatir: su creerla capaz de fundamentar y permitirle entender **todo**.

Nota: vale la pena recordar que la "resolución" de los Koan del budismo Zen también supone, en cada caso, trascender la racionalidad.

Afirmamos que:

El <u>poder</u> <u>oculto</u> que posee el "argumento" de San Anselmo es, pues, <u>de</u> <u>caer</u> <u>en</u> <u>manos</u> <u>de</u> <u>un</u> <u>racionalista</u> <u>puro</u>, retar su entendimiento al máximo -empujarlo hasta sus límites- hasta por fin derrotarlo y así conducirlo hasta aquél umbral que le posibilite la ejecución del muy único <u>salto</u> que le hará ir más allá de la sola razón, del solo pensar conceptual y representativo: condición necesaria, aunque no suficiente, para vivir una experiencia místico/religiosa... para convertirse en creyente.

¿Qué le ocurrirá al racionalista que ha depositado toda su **fe -amor** también- en el poder de la razón y de la lógica, y que afirma sólo poder entender -creer también- lo fundamentado en ellas?

Confrontado -retado- por al "argumento" de San Anselmo, lo analizará con todo el poder de su entendimiento. Querrá verificar su racionalidad, la veracidad o falsedad de sus premisas y su validez lógica. También le "dará muchas vueltas" a cada una de las palabras clave utilizadas, buscando descubrir su real significado, o para terminar comprobando su indefinición.

Una y otra vez el "argumento" eludirá sus embates: huidiza consistencia lógica... pureza racional que constantemente se le escapa.

¿"Argumento" falaz?: ¿quién sabe? ¿"Argumento
válido?: ¿quién puede asegurarlo?

Si trabaja con empeño, puede que incluso se vea
obligado a perfeccionar el ejercicio de su razón,
afinando hasta más no poder la sutileza de su lógica
y semántica. Sin embargo, por mucho que
perfeccione su razón, por mucho que afine su lógica
y semántica, seguirá en las mismas: desconcertado
ante la naturaleza elusiva del "argumento."

Observaciones:

1ª- Conviene recordar que no hay manera de
razonar con quien ya tenga por asegurada una
determinada creencia suya sustentada en ciertos
primeros principios que de manera explícita o tácita
ha asumido como evidentes... como verdades
incuestionables... como artículos de fe. Siempre le
será posible contrarrestar cualquier argumento
nuestro con otro de su propia factura, basado en
esos mismos primeros principios (de allí nuestra
intuición cotidiana -confirmada una y otra vez en la
práctica- de que en última instancia discutir
-intercambiar y oponer argumentos- no valga la
pena). El entendimiento entre los seres humanos
supone la existencia de primeros principios
compartidos, cual base común para todo ulterior
razonamiento o posibilidad de persuasión entre las

partes. Cuando semejante base común no existe, las posiciones asumidas son inconmensurables, sino irreconciliables: la persuasión de uno por el otro no es posible.

2ª- En cuanto salto a realizar, cambiar de principios se experimenta como riesgo total, como posible caída en un vacío abismal. De allí el desasosiego que el posible -quizás imperativo, quizás inminente- salto o cambio de base causa en el ser humano. Sin embargo, el salto "exitosamente" ejecutado (asumido algún nuevo conjunto de principios) es experimentado como un súbito despertar, como aquél glorioso momento de reinterpretación total que toda conversión acarrea. Pero, ¿no será tal salto (renegar ciertos principios para asumir otros nuevos) evidencia del apego que aún se tiene por la razón, por alguna suerte de fundamento que lo sustente todo, incluyendo todo lo que sentimos, pensamos, imaginamos, percibimos, expresamos y hacemos día a día, momento a momento? ¿Qué hay de un vivir que en última instancia sea sin fundamento? ¿Qué hay de un existir sin razón? ¿Es acaso posible? Y de serlo, ¿qué implica?

Prosigamos:

Es precisamente la **fe** que tiene en la razón y en la lógica -su amor por ellas- las que obligan al racionalista a no cejar en su empeño de resolver el intrigante enigma legado por San Anselmo. No quiere verlas derrotadas. Si verlas derrotadas le fuese indiferente, ello evidenciaría su falta de fe y amor por ellas. Las empuja hasta sus límites, precisamente porque son el objeto de su fe y amor.

¿Fe en y amor por lo que en fin de cuentas realmente los amerita? ¿Fe y amor desviados de Aquello que sí los merece en grado supremo? Nosotros conocemos la respuesta, pero el racionalista aún no.

Hasta que algún día, habiendo una y otra vez empujado la razón y la lógica hasta sus límites, cual súbito despertar experimente su **finitud**. Es entonces cuando el "argumento" habrá cumplido su misión. Se habrá manifestado su poder oculto: **evidenciar la finitud de la razón**.

Paradoja: ¡Tantos racionalistas que evidentemente **no** empujan el poder de su razón al máximo! De hacerlo pronto descubrirían su finitud. Sin embargo, su no hacerlo subrepticiamente parece conducirlos a una vaga, sino tácita, creencia en el ilimitado poder de la razón. Pero ¿no será más bien que, sin tener plena conciencia de ello, su creencia en la razón y en la lógica no es tan elevada como creen? Curiosa situación: ¡creer que se cree con mayor intensidad de lo en verdad se cree! ¡Creer que se ama con mayor intensidad de lo en verdad se ama!

Pero...

¿Qué hay de esos otros argumentos en pro del ser de Dios que no están, como el de San Anselmo, dirigidos a la razón pura?

Estos argumentos incluyen una o varias premisas de orden empírico, supuestamente evidentes o susceptibles de verificación; esto es, que no siendo por sí mismas evidentes, puedan derivarse de otras premisas más originarias -empíricas o no- que sí lo sean.

En lugar de estar dirigidos a racionalistas puros, estos argumentos, a diferencia del de San Anselmo, combinan razón y experiencia. Ciertamente hay quienes creen en este origen combinado del conocimiento.

Sin embargo, en estos casos también ocurre, *mutatis mutandis*, lo descrito arriba en cuanto al racionalista puro. Lo evidente para nosotros no lo es necesariamente para algún otro. Por lo tanto, sustentar nuestra argumentación en lo que nos es evidente, no nos asegura ser persuasivos. En última instancia, por muy cierta que nos parezca, no habrá evidencia alguna nuestra que, de presentársele al otro le sea lo suficientemente convincente; es decir, igualmente evidente. Seguro de sus creencias, no querrá creer aquello de lo cual intentamos persuadirlo.

Para quien no crea, para quien no quiera creer, para quien firmemente crea otra cosa, nunca habrá razones ni evidencias empíricas suficientes. La transformación del otro, sea racionalista puro o empirista ferviente, sólo puede iniciarse a partir de su posición tomada, a partir del lugar en el que inicialmente se encuentra. ¿A partir de que otro lugar podría iniciarse tal conversión? Conversión que necesariamente habrá de ser un salto; un salto sin razón.

Por lo tanto, la conversión de quien ha colocado su amor y fe en la experiencia también implica llevarlo hasta los límites mismos de la experiencia para que, a semejanza del racionalista que por fin ha descubierto los límites de la razón, se vea obligado a reconocer la finitud, no solo de la razón, sino de la experiencia (humana) también.

La conversión del científico -que no es otra cosa que la conversión de quien ha colocado su amor y fe en el ejercicio y uso combinado de razón y experiencia- equivale a toparse con los límites de la ciencia... equivale al reconocimiento de su finitud... equivale a la "derrota" de su pretendida hegemonía en cuanto fuente de todo conocimiento válido, pretensión que en gran medida explica el distanciamiento humano de la trascendencia en los tiempos modernos... y posmodernos también, a no ser que realmente se contrarreste la inconsciente -sin embargo, auto elegida- finitud de la modernidad.

En suma:

Empujados al máximo, al racionalista, al empirista también, no les queda más remedio que reconocer los límites mismos -la finitud- de la razón y de la experiencia; límites que no son otra cosa que aspectos de la finitud del ser humano mismo. Quien nunca llega a experimentar los límites de su propio punto de vista nunca lo trascenderá. Sólo aquél que una y otra vez se topa -incluso si con dolor se estrella- contra los límites de la lógica y la racionalidad, contra los límites de la experiencia también... sólo él podrá comprobar su finitud y su incapacidad para opinar acerca de -más importante aún, volverse receptivo a- Aquello que está más allá de la razón y de la experiencia.

Sólo la **vívida** experimentación de nuestra **finitud** -incluida la de nuestro entendimiento y experiencia- nos puede hacer receptivos a lo que **graciosamente** pueda provenir de lo **ilimitado**: la **revelación**... la **experiencia místico/religiosa**.

Post scriptum: una observación de cierre

Llamar a Dios "Dios" deja incómodo al no creyente, posiblemente debido a que a sus ojos tal denominación personifica a Dios, un Dios que **no** se le manifiesta ni fácilmente ni corrientemente como un alguien.

Si en lugar de llamarlo "Dios" hubiésemos, en el ensayo antes expuesto, utilizado alguna otra denominación, tal como "**Tao**" (del cual si se dice algo no es el tao verdadero), "**Aquello**" (del **Tat Tvam Asi** तत्त्वमसि o **so 'ham** सो ऽहम्, induistas) o simplemente "**Misterio**" -todas ellas refiriéndose a algo supremamente inefable aunque omnipresente- posiblemente al no creyente se le habría hecho más accesible el argumento de San Anselmo.

Solo que, en su caso y a los fines de su argumento -usualmente calificado de ontológico- con la muy significativa diferencia siguiente: en lugar de las denominaciones "Tao", "Aquello" o "Misterio", le vimos utilizar, para denominar-**LO**, la expresión más larga siguiente: "algo de lo cual nada <u>mayor</u> puede <u>pensarse</u>".

Cabe por lo tanto preguntar por qué los seres humanos han tendido a personificar-**LO**. Muy posiblemente la explicación radica en la profunda necesidad sentida que han tenido y tienen de relacionarse con **ÉL**, necesidad que **ÉL** mismo provoca vista la insondable inefabilidad de **su misterio.**

De no personificarlo, no sabrían los seres humanos como "dilucidar" su voluntad, "conocer" sus cualidades o potestades, además de no saber exactamente como relacionarse con **ÉL.**

¿Antropomorfismo gratuito e indebido? No si **AQUELLO** es un algo que está más allá de todo concepto, de toda categoría, de todo lo pensable; particularmente más allá de todo lo personal **Y** de todo lo impersonal. Pero que siendo lo más también debería poder lo menos; esto es, manifestar-**SE** bajo el que posiblemente de todos sus aspectos es, por accesible, el más importante para el común de los seres humanos: su aspecto **personal.**

A los seres humanos comunes solo nos queda, de hacerle caso a la necesidad sentida de relacionarnos con **ÉL**, tratar-**LO** como a un alguien; la única posible desde nuestra limitada perspectiva, desde nuestra finitud misma.

Más difícil y dramática es la condición de quienes se empeñan en mantenerse conscientemente unidos con el "Misterio" mismo, con "Aquello" mismo, con el "Tao" mismo.

¿No será que bajo una cualquiera de estas otras denominaciones, reconociendo su omnipresencia, ello de facto equivalga a su creer en Dios... a su creer en aquel Dios equivalente a "algo de lo cual nada mayor puede pensarse", que está más allá de todo lo personal y de todo lo impersonal, y con respecto al cual a ciencia cierta no sabe qué sentir, qué pensar, qué imaginar, qué percibir, qué expresar, qué hacer?

¿Clara desventaja cuando se les compara con quienes sí lo personifican?

Único camino que la tradición nos ha transmitido: ¡la unión mística!

Pero y a ésta ¿cómo se llega? Y también ¿qué modo de vivir implica?

Hay quienes dicen saberlo: los Maestros.

¿Aparecen cuando se está listo?

Acerca de ellos, esto es lo que desde siempre la tradición ha afirmado.

Made in the USA
Columbia, SC
11 February 2023